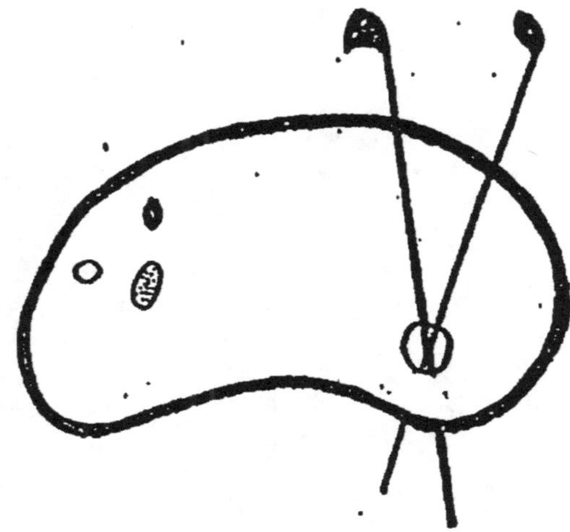

INDICATIONS

SUR LES ORIGINES DES

Chevaliers de Bouilhac

RODEZ
IMPRIMERIE E. CARRÈRE
MCMVII

INDICATIONS

SUR LES ORIGINES DES

Chevaliers de Boullhac

INDICATIONS

SUR LES ORIGINES DES

Chevaliers de Bouilhac

RODEZ

IMPRIMERIE E. CARRÈRE

MCMVII

AVANT-PROPOS

Ce modeste mémoire résume quelques recher-ches qui ont été conduites d'une façon particulière.

L'auteur n'a pas eu pour but de préciser des filiations résultant de la constitution d'un arbre généalogique. Il a eu simplement l'idée de grouper des faits en plusieurs ensembles et de rechercher les liaisons pouvant exister entre ces différents ensembles.

La conclusion qui se dégagera du travail n'aura pas la prétention de mettre en relief des certitudes mathématiques. Elle fera néanmoins ressortir des probabilités, qui, en se confirmant les unes par les autres, se trouveront, par cela même, dans un état de voisinage très apparent avec la certitude.

LA FAMILLE DE BOUILHAC
EN PÉRIGORD

Les Bouilhac se sont très vraisemblablement fixés à Montignac (Dordogne) vers le milieu du xviiᵉ siècle.

Les représentants de la famille, qui portent le nom actuellement à Montignac, sont :

Pierre-Raoul, chef de branche ; et son frère, Jean-Fernand, qui écrit ces lignes.

Une autre branche de la famille, celle dont le comte Paul de Bouilhac de Bourzac est le chef, e. quitté Montignac, pour s'établir en Angoumois (1) au commencement du xviiiᵉ siècle.

La liaison entre les deux branches remonte au xviiᵉ siècle.

Il y avait, à Montignac, à la fin du xviiᵉ siècle, deux Bouilhac. L'un d'eux était juge : il était l'aïeul du comte Paul de Bouilhac ; l'autre, Jean de

____

(1) Le comte de Bouilhac habite son château de la Richardie, dans es environs de Riberac.

Bouilhac, bourgeois (1) de Montignac, était notre aïeul.

D'après une tradition de famille, ces deux Bouilhac étaient proches parents et peut-être frères.

Jean de Bouilhac était-il le fils de Jean de Bouilhac qui était médecin de Louis XIII et dont parle M. de Saint-Saud dans ses *Généalogies Périgourdines* ?

Au premier abord, tout concorderait pour appuyer l'affirmative. En outre, Jean de Bouilhac, bourgeois de Montignac, a marié, en 1680, une fille avec un Lapeyronie (2) qui ne fut probablement pas étranger à celui, qui en s'illustrant, a fait rejaillir l'éclat de ses travaux sur la glorieuse Ecole de médecine de Montpellier. Ce dernier Lapeyronie est devenu d'ailleurs premier médecin de Louis XV, pendant qu'un Bouilhac était premier médecin des enfants du Roi, et tous ces faits paraissent s'enchaîner d'une façon très indicative.

Mais il se pourrait aussi, que Jean de Bouilhac, bourgeois de Montignac en 1680, fût le fils d'Etienne de Bouilhac, auditeur à la Chambre des comptes de Montpellier, lequel a eu un fils, Jean de Bouilhac, baptisé en 1617. (Registres paroissiaux de Montpellier, Notre-Dame, GG. 209.)

____

(1) Ce titre de « Bourgeois » était un grand honneur. Il était très désiré, et pas toujours obtenu, par la noblesse, quand elle quittait ses fiefs.

(2) L'acte de mariage se trouve dans les registres paroissiaux de Montignac. Ce Lapeyronie était « habitant de Beauregard, paroisse de Bersac ». Bersac et Beauregard se trouvent entre Montignac et Terrasson. Terrasson est à 15 kilom. de Montignac.

Quoi qu'il en soit, voici ce que dit M. de Saint-Saud dans ses *Généalogies Périgourdines*, au sujet de la famille de Bouilhac :

« La famille de Bouilhac paraît, originaire de Montignac. Jean de Bouilhac, médecin de Louis XIII, fut anobli. Un de ses descendants, Jean de Bouilhac, médecin des enfants du Roi, obtint, en mars 1716, de nouvelles lettres de noblesse en faveur de son neveu, autre Jean de Bouilhac, juge de Montignac (1), avec les armes suivantes :

» *D'argent, à la fasce de gueules chargée d'une plante de plantin d'argent accompagnée de trois chardons au naturel* (alias de gueules) *fleuris de même* (alias d'or) *deux en chef et un en pointe.* (Arch. départ. de la Gironde, B. Cour des Aides.)

» C'est ou ce Jean ou un autre Jean, fils du médecin, qui serait devenu Conseiller d'Etat, Fermier général, et aurait acquis de nombreuses seigneuries, dont la Mothe-Fénelon et le comté de Bourzac de la Cropte.

» Le comte de Bouilhac de Bourzac, son descendant, porte les armes primitives de sa famille qui suppriment le plantin et ont trois roses au lieu de chardons. » (*Généalogies Périgourdines*, III, p. 120.)

Avant de venir à Montignac, les Bouilhac étaient à Terrasson, et celui qui était juge de Montignac, à la fin du XVIIe siècle, semble avoir été juge de Gaubert (2) où un autre Bouilhac était, vers 1650, « procureur d'office ».

Ajoutons que, dans différents actes trouvés aux

____

(1) Ce juge n'est pas celui dont il a été parlé plus haut, lequel était déjà âgé à la fin du XVIIe siècle.

(2) Terrasson, à 15 km. de Montignac ; Gaubert est à côté de Terrasson dans la vallée de la Vézère.

archives de Terrasson et portant des dates remon-
tant à 1670, environ, il est question de : « Estienne
de Bouilhac, docteur en médecine ».

La lecture de ces actes laisse l'impression que
ce « docteur en médecine », était un personnage.

Il serait certainement intéressant de rechercher,
ultérieurement, comment un Bouilhac, parent du
médecin de Louis XIII, est devenu juge de Gaubert.

En faisant cette recherche, il conviendrait de
ne pas oublier que Gaubert, ainsi que Montignac,
relevaient d'Hautefort. De plus, il pourrait très
bien ne pas être inutile à celui qui entrepren-
drait cette étude, d'avoir quelques souvenirs
d'histoire se rapportant au règne de Louis XIII,
et de se rappeler que Mlle d'Hautefort, dont la
chasteté a toujours inspiré l'admiration la plus
respectueuse aux historiens et à tous ceux qui, à
la Cour, ont eu l'honneur de l'approcher, était
demoiselle d'honneur de la Reine et favorite de
Louis XIII (1).

Elle était très fière et elle n'aimait point le

---

(1) « C'est à Lyon, dans les langueurs de la convalescence, que Louis
XIII distingua la beauté à la fois éclatante et grave de Mlle d'Hautefort,
son air de noblesse et de modestie. » (Guizot.)

Elle s'appelait Marie ; elle était fille de Charles, chevalier, marquis
d'Hautefort, comte de Montignac, baron de Thenon. Elle avait deux
frères et trois sœurs.

Son frère aîné, Jacques-François, marquis d'Hautefort, comte de Montignac, ne se maria point et ce fut son frère Gilles, marquis d'Hautefort,
comte de Montignac, qui continua la descendance.

Une des 3 sœurs se fit religieuse. Une autre, Catherine d'Hautefort,
était fille d'honneur de la Reine-Mère et elle mourut, à Lyon, en 1630.
La troisième sœur, Charlotte d'Hautefort, dite Mlle d'Escars, était fille
d'honneur de la Reine en 1641 et elle se maria, le 3 février 1653, avec
François de Choiseul. (La Chenaye-Desbois, tome VII.)

Roi (1). En revanche, elle aimait beaucoup la Reine. Elle était sa meilleure amie et le lui a prouvé souvent.

Il ne serait pas impossible que le Bouilhac qui était médecin de Louis XIII eût demandé à Mlle d'Hautefort sa protection pour obtenir une situation en faveur d'un des siens, et que Mlle d'Hautefort, pour ne pas contracter une dette de gratitude vis-à-vis du Roi, eût préféré faire rendre par sa propre famille le service demandé.

Cette hypothèse est entièrement gratuite ; mais elle pourrait devenir utile, car en matières de recherches, on arrive souvent à trouver la base d'un pressentiment susceptible de diriger du côté de la vérité.

Gratuitement encore, on peut se demander s'il ne faudrait pas chercher, dans ce fait qu'un Bouilhac est devenu médecin de Louis XIII, une marque d'affection donnée par le cardinal de Richelieu. Cette idée a surgi dans notre esprit quand nous avons appris que le cardinal avait connu des Bouilhac dont il a été l'hôte en 1629. On montrera plus loin, avec des documents historiques auxquels on ajoutera la reproduction d'une lettre, écrite par Richelieu lui-même, que le cardinal conservait un souvenir excessivement agréable de l'accueil délicat que lui avaient fait ces Bouilhac.

____

(1) Voir, à ce sujet, les intéressants détails donnés par Guizot et par Lavisse.

Il est à regretter que des circonstances particulières aient entraîné la disparition de papiers de famille qui auraient permis de consacrer quelques pages aux Bouilhac du XVIII° siècle, en précisant comment les uns se rattachent aux autres.

La famille a fourni, à cette époque, à la Cour de Louis XV, le médecin des enfants du Roi, Jean de Bouilhac, qui, en mars 1746, fit envoyer de nouvelles lettres de noblesse à son neveu, Jean de Bouilhac, juge de Montignac, avec les armes dans lesquelles il y a des chardons — il en est question plus haut (1) — qui se rattacheraient à la maladie de Louis XV, pendant le siège de Metz, en 1744.

On sait toute l'inquiétude que cette maladie du Roi avait provoquée en France. Aussi, quand après quelques jours de soins, on apprit que Louis XV allait mieux, des fêtes furent organisées partout pour fêter le rétablissement du « Roi bien-aimé ».

La guérison du Roi aurait été obtenue, paraît-il, en lui faisant prendre une tisane faite avec des chardons et ordonnée par le médecin Bouilhac.

A ce moment-là, aux roses, armes primitives de la famille, furent substitués les chardons, et on doit remarquer, en passant, que le Roi anoblissait une famille déjà noble, ce qui s'est vu souvent d'ailleurs.

____

(1) Ces lettres, avec les armes peintes et leur description, se trouvent aussi à la Bibliothèque Nationale (Manuscrit nouveau d'Hozier, n° 58).

C'est au xviiie siècle encore, que deux Bouilhac sont devenus fermiers généraux du Périgord (l'oncle et le neveu). L'un d'eux est devenu le comte de Bourzac, duquel descend directement le comte Paul de Bouilhac de Bourzac, chef de branche, et ce fermier général devait être le frère de Pierre de Bouilhac, abbé mitré de Souillac, qui testa en 1773, en laissant à l'hospice de Montignac (1) une somme de 60 000 livres.

Il y en aurait très long à dire sur les Bouilhac du xviiie siècle et une étude les concernant pourrait intéresser une grande partie du Périgord.

Rien que par le mariage d'Eléonore de Bouilhac avec Raymond de Coustin-Caumont, cette étude offrirait de l'intérêt pour un certain nombre de familles, car si on se reporte à d'Hozier (*Armorial Général*, Bibliothèque Nationale, imprimés, 7e registre, première partie, p. 547), on trouve, comme familles alliées aux Coustin :

« D'Anglars-Saint-Victour ; d'Archiac ; d'Auray ; d'Auriolle ; de Beaumont ; de Blois ; de Bonnefon ; de Bouilhac ; de Boussac ; de Carbonières ; de la Carolle ; de Caumont ; de Chamborant ; de Chaunac ; de Chauvigné ; de Costes-la-Talprenède ; de Coux ; de David ; d'Eschizadour ; d'Escodeca-Boisse ; d'Es-Lescours ; de Lostanges-Sainte-Alvère ; de Maulmont ; de Meillars ; de Mouléans ; de Parel ; du Pin ; de Pierrebuffière ; de Phélip-Saint-Viance ; de Ravenel ; de Rochefort-Saint-Angel ; de Roffignac ; de Royère ; de Saint-Ju-

---

(1) Son testament est entre les mains de Madame la Supérieure de l'hospice de Montignac.

lien ; de Saintou ; de Souillac ; de Vienne ; de Ville-
moun ; de Vigier ; du Verg, etc... »

Nous laissons à notre cousin, Paul de Bouilhac,
le plaisir d'aborder cette étude. Et si, par ha-
sard, il ne l'entreprend pas lui-même, qu'il nous
permette d'exprimer l'espoir qu'il la fera entre-
prendre par un des charmants enfants qui, au
château de la Richardie, font rayonner leur
agréable distinction.

Quant à nous, nous allons examiner d'où ve-
naient les Bouilhac avant de se fixer en Périgord.

De ce qui précède, nous retenons simplement,
que dans la deuxième partie du xvii⁰ siècle, il
y eut, à Terrasson d'abord, à Montignac ensuite,
un groupe de Bouilhac parmi lesquels on trouve
un médecin de Louis XIII.

Il n'est pas inutile de retenir également, que
deux sortes d'études étaient particulièrement goû-
tées par ces Bouilhac : les études médicales et les
études juridiques.

LA FAMILLE DE BOUILHAC EN LANGUEDOC

1° DANS LE BAS-LANGUEDOC.

A l'*Armorial général de France* de d'Hozier (1), il est question de « Anne de Bouillac, veuve du président de Belleval, maire et viguier de Montpellier ». Cette indication, en révélant l'existence des Bouilhac à Montpellier, où ils ont joué un rôle assez important au xvii⁰ siècle, a conduit à rechercher la liaison qu'il pouvait y avoir entre ces Bouilhac du Bas-Languedoc et ceux du Périgord.

Nous avons signalé, précédemment, la naissance à Montpellier de Jean de Bouilhac, fils d'Étienne de Bouilhac, l'auditeur à la Chambre des comptes (sous Henri IV), dont parle d'Aigrefeuille dans son *Histoire de la ville de Montpellier.*

On a signalé aussi l'existence à Terrasson,

---

(1) Bibliothèque Nationale. Manuscrit d'Hozier, n° 14.

en Périgord, vers 1670, de « Etienne de Bouilhac, docteur en médecine ».

Il convenait de se demander si « Etienne de Bouilhac, docteur en médecine », à Terrasson vers 1670, n'était pas le fils de l'auditeur à la Chambre des comptes.

C'est ainsi qu'on a été conduit à chercher et à trouver, aux registres de l'Etat civil de Montpellier (1), l'acte de baptême, en date du 5 avril 1606, d'Etienne de Bouilhac, fils d'Etienne de Bouilhac, auditeur à la Chambre des comptes, et d'Antoinette de Grasset (2).

Etienne de Bouilhac et Antoinette de Grasset ont eu d'ailleurs de nombreux enfants.

En 1634, on trouve comme auditeur à la Chambre des comptes, Charles de Bouilhac, fils d'Etienne (d'Aigrefeuille).

Mais en dehors des fils Etienne et Charles dont on vient de parler, on trouve (avec les registres renfermant les actes de baptême) les enfants suivants d'Etienne de Bouilhac et Antoinette de Grasset :

Pierre de Bouilhac (10 janvier 1603, Notre-Dame, GG. 208 bis).

Anne de Bouilhac (28 septembre 1614, Notre-Dame, GG. 209).

---

(1) Registre GG n. 4, follo 73, paroisse Notre-Dame

(2) La famille de Grasset est une grande famille de Montpellier. De père en fils, les de Grasset avaient une situation prépondérante à la Chambre des Comptes et à la Cour des Aldes.

Jean de Bouilhac (1) (11 mai 1617, Notre-Dame, GG. 209).

Dans l'*Histoire de Montpellier*, par d'Aigrefeuille, on peut voir qu'à la date de 1646, Charles de Bouilhac était conseiller.

Ce Charles a eu une fille, Anne de Bouilhac, qui épousa le président de Belleval (2).

Au tome II de cette *Histoire de Montpellier*, page 187, à propos de l'entrée du duc de Noailles à Montpellier, on lit :

. . . .

« La Cour des Aides lui (3) députa deux conseillers qui furent MM. de Ranshin et de Grefeüeille pour aller le prendre chez lui et l'accompagner au palais où il fut reçu au bas de l'escalier par MM. de Bouilhaco et Farlet précédéz de deux huissiers qui l'accompagnèrent jusqu'à la sale d'audience. »

. . . .

Ainsi donc, il a existé au xviie siècle, à Montpellier, un groupe de Bouilhac qui ont eu une haute situation dans cette ville.

Leur contact avec la Chambre des comptes et la Cour des aides d'une part, leur voisinage avec une illustre Faculté de médecine d'autre part, ont certainement contribué à développer, dans la fa-

---

(1) Déjà cité.

(2) Ce renseignement nous a été donné, à Montpellier, par Mlle Guiraud, le savant historien qui a publié, sur la ville de Montpellier, des ouvrages remarquables.

(3) Au duc de Noailles, qui, comme gouverneur du Languedoc, était venu, en grande pompe, à Montpellier.

mille, le goût des études juridiques et celui des études médicales.

On comprend mieux alors, que des Bouilhac soient devenus juges seigneuriaux à Gaubert et Montignac, en Périgord, et on s'explique aussi que les Rois aient eu plusieurs Bouilhac comme médecins, car la Faculté de médecine de Montpellier fournissait la plupart des médecins du Roi, en particulier sous Louis XIII, quand se faisait sentir l'influence de Théophraste Renaudot sur le cardinal de Richelieu.

La liaison entre ces Bouilhac de Montpellier et ceux du Périgord paraît être confirmée, comme nous l'avons montré, par Etienne de Bouilhac, docteur en médecine, qui vivait à Terrasson vers 1670.

2° DANS LE HAUT-LANGUEDOC.

Nous allons nous contenter de dire un mot, uniquement pour établir la liaison entre les Bouilhac du Bas-Languedoc et ceux du Haut-Languedoc, car nous aurons, plus loin, l'occasion de nous étendre à propos des « La Roque-Bouilhac ».

Au *Catalogue des gentilshommes du Languedoc*, par de Caux (1), les Bouilhac sont inscrits de la manière suivante :

____

(1) De Caux a établi ce Catalogue par "diocèzes," et dans chaque "diocèze," par ordre alphabétique.

BOULHAC. — Du 30 septembre 1669. — Nobles Louis de Laroque-Boulhac, seigneur et baron des lieux de Laroque de Boulhac, Laroque, Saint-Géry, Ferrières, Saint-Constans et Mier, demeurant au dit Saint-Géry, diocèze d'Alby ; George de Laroque, seigneur de la Guimarie, baron de Bonfils, du dit George et Guyon de Laroque-Bouilhac, sieur de Soval ; Jules de Laroque-Bouilhac, diocèse d'Alby ; ses titres de noblesse ont été confirmez par jugement souverain, Monsieur Arnoul, rapporteur.

On les trouve donc dans le "diocèze" d'Albi, c'est-à-dire dans le Haut-Languedoc, et si la partie principale du nom est Bouilhac, le nom entier semble être « La Roque-Bouilhac ».

Pour confirmer qu'il s'agit bien de la même famille, on peut se reporter à d'Hozier qui, dans son *Armorial Général du Languedoc* (1), cite Gilia de la Roque-Bouilhac, baron de Mié, marquis de Saint-Géry (2) avec les armes suivantes : « *D'argent à un chef d'azur chargé de trois roses d'or.* »

Au début de ce Mémoire, nous avons reproduit un extrait des *Généalogies Périgourdines* de M. de Saint-Saud qui a écrit, dans cet ouvrage, que les armes primitives de la famille de Bouilhac comportaient des roses.

____

(1) Bibliothèque nationale. Manuscrits.

(2) Le château de Saint-Géry se trouve sur les bords du Tarn, près de Rabastens.

L'identité des armes paraît significative.

D'autre part, la notoriété publique mérite d'être prise en considération, et on peut tirer des indications de ce qui est mentionné dans l'*Annuaire du Tarn*, de 1888, édité par « Nouguiès à Albi ». A la page cxc de ce document, il est dit que la famille Laroque-Bouilhac est originaire du Bas-Languedoc et qu'elle est venue en Albigeois à la fin du xvi⁰ siècle.

Si ce renseignement est indicatif de parenté entre les Bouilhac de l'Albigeois et ceux de Montpellier, il n'en reste pas moins d'une exactitude incomplète, car nous allons montrer que l'antique origine des Laroque-Bouilhac, et par suite celle des Bouilhac du Bas-Languedoc, se trouve en Rouergue, sur les bords du Lot.

Nous verrons, en outre, dans quelles conditions des Laroque-Bouilhac sont venus en Albigeois, à la fin du xvi⁰ siècle, par le fait du mariage de Georges, le représentant de la branche aînée, avec Antoinette de Beaulac qui lui apporta en dot le château de Saint-Géry.

Et quand on aura lu les lignes qui vont suivre, on pourra avoir une tendance à comprendre, avec netteté, de quel Roc il s'agit, dans un acte de baptême, trouvé à Montignac (1) et concernant

- - - - - - - - - -

(1) Cet acte est de 1711 (paroisse de Brenac). Il s'agit du baptême de Guillaume Labrousse, fils de Jean Labrousse dont la mère était « Catherine Bouilhac, damoiselle du Roc ».

De cette famille Labrousse, les derniers descendants mâles portant le nom à Montignac, étaient MM. Edouard et Léopold Labrousse de Lascaux.

M. Edouard est mort en laissant 4 filles ; Madame Vve Edouard Lales Bouilhac de Montignac, acte dans lequel la marraine est : « Catherine Bouilhac, damoiselle du Roc. »

---

brousse de Lascaux, née de Négrier, fille du général tué en 1848, s'est éteinte récemment à Corbeil où elle s'était retirée, auprès de sa plus jeune fille, Mme Darblay.

M. Léopold est mort sans laisser de postérité et Madame Vve Léopold Labrousse de Lascaux habite Montignac.

Une partie des biens de la famille, en particulier le château de Lascaux, près Montignac, appartient à la famille Darblay.

Mme Vve Léopold est en possession de l'autre partie.

LE ROC DE BOUILLAC

LE BERCEAU DES CHEVALIERS DE BOUILHAC. — RUPE BULLIACO. — LE ROC DE BOUILLAC OU LA ROQUE-BOUILLAC.

Le Roque-Bouilhac est un rocher arrosé par le Lot. Sa position nous a été indiquée par M. le vicomte de Bonald, qui, avec une délicate courtoisie, a bien voulu éclairer nos recherches.

Nous ajoutons un très grand prix au bienveillant accueil que nous avons eu l'honneur et le plaisir de rencontrer auprès de lui, car M. le vicomte de Bonald est doublé d'un historien ayant donné, avec ses ouvrages, la mesure d'un talent en harmonie avec les illustres origines de l'auteur.

Par ces travaux, en effet, M. de Bonald montre qu'il appartient à une famille dans laquelle les dons de l'esprit se sont transmis comme un véritable fief !

Nous tenons à remercier ici, également, M. le colonel de Bourdès, qui nous a fait bénéficer du résultat de ses belles recherches sur les familles du Tarn. Avec une amabilité qui inspire toujours une vive gratitude, il nous a permis d'élucider certains points ; et si, en nous adressant à lui, nous avons éprouvé un regret, c'est celui de n'avoir pas eu l'honneur de servir sous ses ordres !

En nous indiquant la position de la Roque-Bouillac, M. de Bonald nous a fait connaître les articles que M. Massip a publiés, dans le *Journal de l'Aveyron*, sur La Roque-Bouillac.

Ces articles ont été réunis en une brochure (1), et nous allons reproduire, textuellement, une partie des lignes charmantes que M. Massip a consacrées, dans sa brochure, à la description du Roc de Bouillac.

Voici en quels termes s'exprime M. Massip :

« La Roque-Bouillac est sans contredit un des plus beaux sites de notre pittoresque Rouergue.

» Descendez de voiture à la station de Penchot (2), par un beau soir d'été, à l'heure où le Lot, coulant dans l'étroite gorge, sous les rayons obliques du soleil, semble une coulée d'or.

» Passez le pont, et prenez le chemin qui suit la rive droite du Lot, tout près de la berge, séparé des eaux par des taillis de saules qui laissent aller au courant la fine pointe de leurs tiges légères.

» Vous longerez, tout d'abord, des prairies, des champs de maïs et de sarrasin, où courent des canaux reflétant le ciel et le frissonnement continu des peupliers. Puis, au bout d'un quart d'heure de promenade, quand vous aurez tourné l'arête rocheuse du

____

(1) Massip. *La Roque-Bouillac aujourd'hui, autrefois* Carrère, Rodez.

(2) Près de Capdenac, sur la ligne de Capdenac à Rodez.

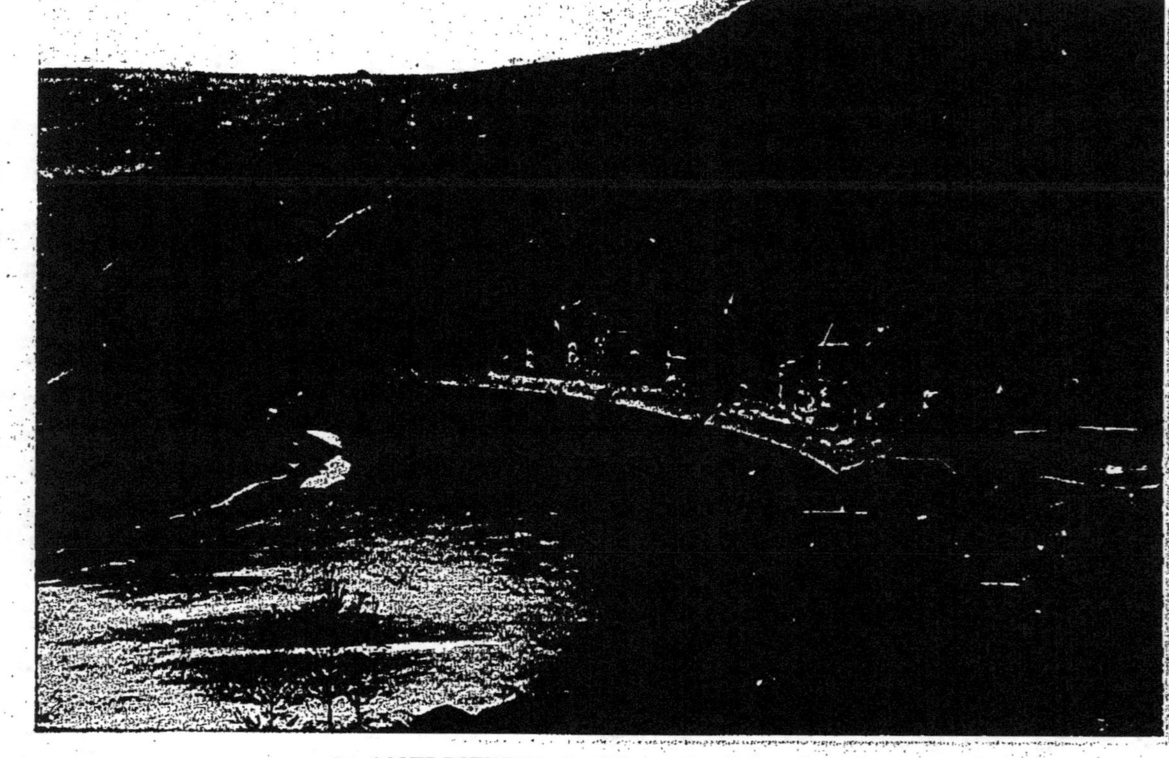

LA ROQUE-BOUILLAC : Le Village et les Ruines du château.

puech de Montjaux, tout à coup, le paysage deviendra d'une singulière âpreté. Plus rien d'idyllique ! On pourrait se croire au pied de l'Olympe après le terrible combat des Dieux et des Titans.

» Tout près du Lot, l'étroit sentier serpente, se confondant parfois avec le lit de la rivière, et, au-dessus, bientôt, commence un épouvantable entassement de sombres rochers montant droit vers le ciel. Déchiquetés, brisés, tordus par d'effroyables chaleurs aux premiers temps de la création, leurs flancs livides, rougeâtres ou violacés, ont gardé des reflets d'incendie, et, les rayons du soir se jouant sur leurs cassures, ils semblent bouillonner comme, il y a des siècles, quand ils surgirent du sol entr'ouvert. Partout le rocher nu ; à peine quelques chênes, quelques châtaigniers tords ont-ils poussé leurs racines dans les fissures et semblent s'accrocher désespérément à des pierres pour ne pas tomber dans l'abîme.

» Par endroits, là où l'action des éléments a lentement désagrégé la roche et fait un peu de terre végétale, s'étendent des tapis de bruyères pourpres et de genêts amers :

> Le genêt doucement balancé par la brise,
> Sur la pente des monts, fait une houle d'or !

» C'est aussi des touffes de faux myrte aux tiges si menues, aux feuilles si fines qu'on le confond avec le buis, qui montre, çà et là, dans les fentes ou sur la crête des rocs, se découpant sur le ciel, ses rameaux toujours verts.

» Et, à la base de ce déchaînement formidable de grès, de schiste, de poudingue, de quartz, de porphyre, l'humble village de La Roque, dominé par sa ruine féodale, si chétif sous l'amoncellement des blocs de pierre qu'on dirait un nid d'hirondelle contre une muraille !

» En face, sur la rive gauche, des pentes non moins rapides, non moins agrestes, mais revêtues de bois de châtaigniers ou de chênes qui, pour croître, ont dû briser la roche. Çà et là, dans les coins pleins d'ombre où l'on devine un peu de fraîcheur, se dressent des bouleaux aux longs fûts pâles, aux feuilles grises toujours frissonnantes.

» Tout au fond, le Lot, courroucé un moment au sortir de l'écluse, descend bientôt tranquille vers les lointaines plaines, comme lassé de la contemplation tant de fois millénaire de ces sauvages beautés... »

Plus loin, M. Massip a écrit :

« La Roque était un camp retranché (*castrum de Rupe-Bulliaco*) dont l'origine remonte probablement à la fondation du château. Celui-ci en était depuis longtemps la citadelle (*fortalitium*). De cette forteresse il ne reste que trois tours ruinées réunies par quelques pans de murailles... »

C'est à propos de ces tours que M. Massip s'est exprimé de la façon suivante :

. « Elles sont là, immobiles, depuis des siècles, les pierres noircies par les pluies d'hiver et les soleils d'été. La plus élevée s'empanache d'un long genévrier : il semble placé en sentinelle, comme au temps des rudes seigneurs (1) qui habitèrent ces ruines, pour surveiller la descente ou la montée des barques sur la rivière.

» Le château, en effet, est abrité à l'ouest par une énorme muraille de poudingue. Et, bien sûr, que c'est à dessein que celui qui bâtit cette forteresse s'embusqua derrière ce rocher.

» En avant des ruines se trouve le soubassement d'une tour ronde plus petite, qui forme aujourd'hui un terrain surplombant la rivière.

. . . .

» En arrière du château, dans une faille où les éboulements successifs et les végétaux ont assemblé un peu

____

(1) Allusion aux Calmont-d'Olt, les prédécesseurs des Laroque-Bouillac. D'ailleurs M. Massip dit lui-même, page 17, à propos du plus terrible de ces Calmont : « Les successeurs de ce farouche seigneur — un cadet des indomptables barons de Calmont-d'Olt, près Espalion, paraît-il — furent souvent d'excellents maîtres pour leurs vassaux, de généreux bienfaiteurs de l'Eglise et surtout de rudes et courageux hommes d'armes, de braves défenseurs de l'Etat. »

d'humus, se trouve le cimetière suspendu entre ciel et terre, à mi-chemin du paradis. Et les morts sont hissés dans ce champ exigu, à l'aide de cordes et d'échelles, pour y venir, sous d'humbles croix de bois ou de pierre, dormir leur sommeil éternel... »

Après avoir consacré quelques pages à ceux des membres de la famille Laroque-Bouillac qui occupèrent le château de la Roque jusqu'au xvᵉ siècle, M. Massip continue ainsi :

« Nicolas (1), l'héritier de la race, élut domicile au château de Bouillac qu'il fit restaurer. Il venait y passer les quelques moments de répit que lui laissait le service du roi.

» Nous sommes à la fin du xvᵉ siècle, de ce xvᵉ siècle qui commença dans le sang et finit dans la prospérité, dont les débuts avaient été marqués, par les courses des Anglais, par les ravages des routiers, et dont le déclin brillait déjà des splendeurs de la renaissance des lettres et des arts. Les deux seigneuries de La Roque et de Bouillac, situées aux confins de l'Auvergne, du Quercy et du Rouergue, mais dans cette dernière province, avaient été réunies depuis longtemps en une seule sous le nom de La Roque-Bouillac. Toutefois les deux paroisses de La Roque et de Bouillac étaient restées distinctes et, grâce à cette division, les deux parties de la châtellenie avaient gardé une autonomie relative. »

Tel est, physiquement, le Roc de Bouillac.

En parlant de la famille qui lui a donné une histoire, on va montrer que, par un mariage en date

---

(1) Un peu plus loin, M. Massip dit à propos de ce Nicolas : « Ses armes particulières, les armes de sa famille étaient : *D'argent au chef d'azur chargé de trois rochers d'or.* (Une vue de La Roque au soleil levant !) »

de 1576, Georges de la Roque-Bouillac, représentant de la branche aînée qui conserva la Roque et Bouillac, est allé s'établir au château de Saint-Géry, en Albigeois, dans le Haut-Languedoc.

LA

FAMILLE DE LAROQUE-BOUILLAC

———

A l'exception d'une note que nous mettrons à la fin et relative à une réception faite au cardinal de Richelieu, tout ce chapitre est littéralement tiré de deux documents :

1° Le tome II du livre de H. de Barrau, intitulé : *Documents historiques et généalogiques sur les familles du Rouergue*, pages 219 et suivantes ;

2° La pièce F. 489 des *Archives du Lot* (1) dont le sommaire est le suivant :

« Notice généalogique de la famille de Laroque-Bouillac en Quercy, seigneurs de la Roque, Bouillac, Viviers, Saint-Constant, Ferrières, Saint-Géry, la Fage, la Tallade, Fraissé, titrés comtes de Saint-Géry et de la Roque-Bouillac et qui portent : *d'argent à un chef d'azur chargé de 3 rocs d'or* (XIII° siècle, 1787). »

Cette pièce est un « Mémoire pour la présenta-

———

(1) Le sommaire de cette pièce est mentionné aux « Inventaires des Archives du Lot », inventaires qui se trouvent dans toutes les préfectures.

tioh au Roi, écrit de la main de M. Berthier ». Elle est datée du 24 mai 1787.

Les parties empruntées à ce dernier document sont imprimées en petits caractères. Nous reproduisons donc le texte de Barrau auquel nous ajoutons, en petits caractères, les emprunts que nous faisons à la pièce F. 489.

Nous pousserons la fidélité jusqu'à reproduire les fautes, d'orthographe ou autres, que comportent ces documents.

DE LA ROQUE-BOUILLAC

Barons de la Roque-Bouillac et de Mié, seigneurs de Ferrières, de Saint-Laurens, de Saint-Géry, de Viviers, de Louplac, de Saint-Constans, de Marcillac, de la Guimerie, de Rouflac, Moussans, barons de Bar en Rouergue, Auvergne et Albigeois.

ARMES : *Au 1er d'azur, au château sommé de trois tourions d'argent, maçonné de sable, soutenu de deux lions d'or armés et lampassés de gueules et accompagnés de trois rocs d'or posés 2 et 1 ; au 2 contre écartelé, au 1 et 4 d'azur, à deux chefs d'or ; au 2 et 3 de gueules à trois fleurs de lis d'or et de gueules, au 4 d'argent au lion de sable ; sur le tout d'argent au chef d'azur chargé de 3 rocs d'or qui est*

DE LA ROQUE-BOUILLAC.

(D'Aubais, *Pièces fugitives.*)

Cette maison tire son nom du château de La Roque, situé dans la paroisse de Bouillac, sur les bords du Lot.

Jean de La Roque vivait en l'an 1014, ce qui se justifie par un acte de vente d'un village dépendant de ladite seigneurie, situé dans la paroisse de Bouillac, faite par Selarmonde de la Roque, sa veuve ; sur quoi il faut remarquer qu'avant 1095, il n'était pas permis aux roturiers de posséder des fiefs nobles, d'où l'on peut tirer la conséquence que la maison de La Roque-Bouillac était noble à l'époque reculée dont il s'agit.

En l'année 1230, le 2 de février, le vicomte de Turenne ayant fait un acte de confédération avec les abbés de Figeac, Aymeric, Gaillard et Hugues de La Roque, seigneur de Touissac, y sont nommés.

Cet acte était aux archives de Cahors, d'où le tira le sieur Justel pour le rapporter parmi les preuves de son livre sur les maisons d'Auvergne et de Turenne.

En 1283, Guibert, Bernard et Bertrand de la Roque passèrent une transaction avec le seigneur de Castelnau, possesseur d'une partie de la seigneurie haute de la Roque, touchant les droits que chacun d'eux avait sur cette terre.

I. GÉRAUD DE LA ROQUE vivait en 1304. Il laissa un fils nommé Pierre.

II. PIERRE DE LA ROQUE fit son testament l'an 1320 devant Géraud du Guillas, notaire, et institua pour son héritier Hugues, qui suit :

III. HUGUES DE LA ROQUE, chevalier, épousa

Raymonde de Ferrières (1), qui lui apporta la terre de Ferrières en dot. Il acheta de Jean de Castelnau, chevalier, tout ce que celui-ci avait à La Roque et Bouillac. Cette vente est du 14 août 1391 devant Géraud Salesse, notaire d'Aurillac. Il testa le 8 août 1397 laissant plusieurs enfants :

1º JEAN, qui suit ;

2º ASTORG, abbé de Figeac ;

3º GUIBERT, prieur de Fonds, de l'ordre de Saint-Benoît ;

4ᶜ PIERRE, religieux du même ordre, au monastère de Maurs ;

5º GAUTIER, qui eut un fils nommé Bertrand ;

6º CATHERINE, mariée le 23 juillet 1393 avec Marquès de Marcenac ;

7º AIGLINE, mariée avec Jean de Brollio.

IV. JEAN DE LA ROQUE, seigneur de La Roque-Bouillac et de Ferrières, en Auvergne, donataire de son père, par acte du samedi avant la fête de Saint-Julien 1393, reçu par Mathieu de Nata, notaire, fut écuyer du roi Charles VI. Il épousa Isabeau d'Arman (2), dont il eut un fils et deux filles :

1º JEAN, qui suit ;

2º CATHERINE, mariée à Jean de la Vaissière ;

3º BERTRANDE, mariée le 26 janvier 1414 avec Pierre de Gasc, seigneur de Mialet en Quercy.

---

(1) De Ferrières : *d'azur au château d'argent.*

(2) D'Arman : *D'azur d'un chevron d'argent accompagné de trois roses d'argent, deux en chef et l'autre en pointe.*

V. JEAN DE LA ROQUE, 2e du nom, seigneur de la Roque-Bouillac et de Ferrières, épousa le pénultième novembre 1407, Jeanne de La Roque, fille de Gérard de La Roque et d'Anne de Béranger, de la maison de Montmaton en Rouergue, par actes reçus par Pierre Malamont, notaire de Rodez. En l'année 1424 il fut un des trois Français qui furent choisis par le roi pour combattre à la tête des deux armées qui étaient campées à Saint-Ouen, près de Saint-Denis, où les Français remportèrent l'avantage, comme Monstrelet le rapporte au 136e chapitre de son histoire, tome V.

Il eut entre autres enfans :

1º FRANÇOIS, ci-après ;

2º MARIANNE, marié avec Gabriel de Çros.

VI. FRANÇOIS Ier DE LA ROQUE, seigneur de La Roque-Bouillac et de Ferrières, épousa, le 13 septembre 1431, Flore de Murat (1) fille de Guion, seigneur de Murat, Louplas, etc. François testa le 8 avril 1471, laissant de son mariage :

1º ANTOINE, prêtre ;

2º BÉGON ;

3º NICOLAS, qui suit ;

4º RAYMOND ;

5º DÉODAT ;

6º ROLLAND ;

7º JACQUES, religieux de Saint-Benoît, à Figeac ;

8º AIGLINE, religieuse en 1459 ;

---

(1) Murat : *D'azur à une muraille d'argent crénelée et maçonnée de sable.*

9° Jacquette ;

10° Antoinette, mariée avec Jean de Châteauneuf (Castelnau-Brétenoux), seigneur de Boisse ;

11° Catherine.

VII. NICOLAS DE LA ROQUE, 1er du nom, seigneur de La Roque-Bouillac et Ferrières, épousa le 11 février 1474 Jeanne de Ricard-Genouillac (1) fille de Jean, seigneur d'Assier et de Catherine de Bosq.

Il en eut :

1° Jean, qui suit ;

Noble Nicolas de La Roque, seigneur de La Roque et de Boulhac, assista au contrat de mariage de Messire Jean de La Roque, chevalier, son fils qui suit, et de damoiselle Jehanne Ricard son épouse, le 11 avril 1510.

2° Hugues, marié avec Françoise de Clugny, fille de Louis, seigneur de Montholon ;

3° Déodat ;

4° Catherine, mariée le 14 février 1493 avec Antoine de Gasc, sieur de Mialet ;

5° Jacquette ;

6° Flore, mariée en premières noces avec Pantaléon de Beaupuy, seigneur de Saint-Chamassy, diocèse de Sarlat, le 3 juin 1497, et en deuxièmes noces avec Gaillard de Cardaillac ;

7° Hélène ;

8° Antoinette, mariée avec Jacques de Chaumeil, seigneur de Cailhac.

---

(1) Ricard-Genouillac : *D'azur à trois écailles d'or mises en pal, écartelé et bandé de gueules.*

VIII. JEAN III DE LA ROQUE, chevalier, seigneur de La Roque-Bouillac et de Ferrières, lieutenant de la Compagnie de gendarmes de M. le Grand Ecuyer et Grand Maître de l'artillerie de Genouillac, son oncle, épousa Catherine de Morlhon, fille de Jean de Morlhon, seigneur d'Asprières, et de Marie de Cazillac.

Il fut fait chevalier de l'ordre du roi le 10 avril 1510.

Jean La Roque, chevalier, qualifié aussi dans ses actes noble messire, épousa par contrat passé à Asprières, le 11 avril 1510, devant Thomas Château, notaire royal, damoiselle Morlhon, fille naturelle et légitime de feu Jean de Morlhon, seigneur d'Asprières et de Viviès, et de damoiselle Catherine de Cazillac, sa veuve. Ils furent assistés, savoir : le dit seigneur, futur époux de noble Nicolas de La Roque, son père, qui lui fit donation de la moitié de tous ses biens meubles et immeubles et la dite épouse de noble Pierre de Morlhon, seigneur de Venzac et de damoiselle Catherine de Morlhon son épouse, sœur aînée à la dite future qui lui constituèrent en dot la somme de 5 000 l. tournois, etc., etc.

Jean de La Roque-Boulhiac, chevalier, l'un des pensionnaires de l'hôtel du Roy, obtint de François 1er au mois de mai 1519 la confiscation de biens faite par Sa Majesté sur plusieurs rebelles et délinquans dans différentes paroisses du bailliage de Peyrusse, en considération des bons, grands, agréables et recommandables services qu'il avait faits à ladite Majesté, tant dans ses guerres que autrement, que de ceux qu'il continuait de lui faire chaque jour.

Ses enfants furent :

1° NICOLAS, qui aura son chapitre ;

2° DÉODAT, prieur de la Vaurette en Quercy ;

Noble homme Déodat de la Roque, prieur du prieuré de la Vauretta, donna quittance le 20 mars 1533 à noble homme Nicolas de La Roque, son frère, de la somme de 1 600 l. tournois qui lui avait été léguée par feu Jean La Roque, son père.

3° CATHERINE, mariée avec Jean de Prouillac le 11 janvier 1545 ;

Catherine de la Roque, damoiselle qui épousa par contrat passé le 11 juin 1545 noble Jean Proilhac, seigneur
de La Tour en Périgord et à laquelle Nicolas son frère
constitua en dot la somme de 2000 l. tournois.

4° JACQUETTE, femme de Géraud de Laborie, seigneur de Prat ;

5° CÉCILE, religieuse de l'ordre de Jérusalem au
couvent de l'hôpital, le 26 juillet 1529 ;

6° ANTOINETTE, mariée avec François de Lentillac,
seigneur du dit lieu, le 2 janvier 1531.

IX. NICOLAS DE LA ROQUE, 2ᵉ du nom, seigneur de La Roque-Bouillac, épousa, le 1ᵉʳ septembre 1531, Jeanne de Clugny (1), fille de Louis, seigneur de Montholon et sœur de Françoise qu'avait
épousé Hugues de La Roque, son grand-oncle.

Nicolas de la Roque, seigneur de Bouillac, etc., épousa
Jeanne de Cluny, etc. Le futur époux devait reconnaître
avoir reçu la somme de 1 000 l. tournois du seigneur de
Montholon pour la part et portion de droit de nature
appartenant audit Huguet (2) tant ès biens paternels et
maternels de la maison de Bouilhac, de la Roque, de
Saint-Constans, de Ferrières et autres quelconques.

Noble homme Nicolas de la Rocqua, seigneur de la
Rocque-Bouilhac (de Ruppe-Bolhaco) assisté d'honorable
homme Mᵉ François Cayronnie, bacheliers en l'un et l'autre droit son avocat, etc., etc.

M. de La Roque reçut une lettre du 6 mai 1543 de M.
Gallot (Jacques Ricard de Genouillac dit Gallot, maître et
visiteur de l'artillerie de France) son oncle, portant
qu'ayant reçu lettre du Roy pour l'aller trouver et man-
dement de M. l'admiral d'emmener avec lui quelques
commissaires pourquoi il le prie de venir le trouver
pour partir lundi prochain, signé votre bien bon oncle
Gallot (original en papier).

Monsieur de la Roque-Boilhac reçut une lettre de M. le
cardinal d'Armagnac, lieutenant au Roi en Rouergue,
datée de Rodez le dernier août 1562 conçue en ces termes :

(1) Les anciennes armes de Clugny sont deux clefs d'or.
(2) Huguet, c'est-à-dire Hugues, assistait l'épouse. Il s'agit de noble
Huguet de La Roque, chevalier, sieur de Montho'on.

« Monsieur de la Roque-Boilhac, vous me ferez un fort grand plaisir de m'envoyer de vos nouvelles et de celles de vos voisins, et parce que le canonnier que vous me fîtes prester par Monsieur de Caillac s'est retiré avant mon arrivée en ceste ville laquelle j'ai trouvé fort dépourvue de canonnier, je vous prie à cette cause, si vous avez moyen de m'envoyer ung, vous me ferez grand plaisir et de le faire partir tout incontinent, et il sera bien tretté. Signé : Votre bon compère et attaché amy.

> G. cardinal D'ARMAGNAC, lieutenant du Roy en Rouergue (original en papier). »

Noble et puissant seigneur Nicolas de la Roque, seigneur de Bolhac, de la Roque, etc., fit son testament au dit lieu de Bouillac en Rouergue le dernier mai 1557 dans lequel il demande à être inhumé au cimetière de l'église de Bouillac et au tombeau de Madame sa mère, etc., institue son héritière universelle noble Jeanne de Cluny, sa femme, à la charge de rendre son hérédité à noble Flotard, son fils aîné.

Les enfants de Nicolas furent :

1° FLOTARD, qui continue la descendance ;

2° ANTOINE, prieur de Lacroix ;

3° ANTOINE, tué au siège de Villefranche-de-Rouergue ;

4° CLÉMENT, sieur de Mayrinhac, chef de branche ;

5° JOSEPH, sieur de Faidel, chef de branche ;

6° CLÉMENT, chevalier de Malte ;

7° FRANÇOIS, sieur de la Guimerie, dont l'article sera rapporté ci-après ;

8° HÉLÈNE, mariée avec Jean de Gout, seigneur de Villeneuve, le 3 novembre 1555 ;

9° GALIOTE, mariée avec Antoine de Labourgade, seigneur dudit lieu, le 28 mai 1561 ;

10° MARIE, femme d'Antoine de Parasol, seigneur de Saint-Amans, le 1er janvier 1564 ;

11º FRANÇOISE, femme de Jacques de Parasol, seigneur de Saint-Amans ;

12º CLAIRE, mariée avec François d'Arjac, seigneur du Cayla, le 4 avril 1578.

X. FLOTARD, seigneur de La Roque-Bouillac, Ferrières, etc., chevalier de l'ordre du roi, commandant en Guienne pour le roi, en l'absence de M. le maréchal de Montluc.

Flotard de la Roque fut pourvu le 3 septembre 1561 de la charge de commissaire ordinaire de l'artillerie, vacante par la mort de Nicolas de La Roque, son père, arrivée le 17 juillet précédent, par lettres de Jean d'Estrées, chevalier de l'ordre, maître et capitaine général de l'artillerie (original parchemin).

Flotard fut marié trois fois :

1º Avec Elaïde de Mié (1), fille de Jean, seigneur de Mié, et d'Antoinette de Barthe, duquel mariage vint un fils unique appelé Georges ;

2º Avec Isabeau de La Valette, fille de Béranger de la Valette, seigneur de Lapoujade, en Auvergne, et de Catherine de Castelnau-Brétenoux, veuve d'Antoine de Braulac, baron de Clermont et seigneur de Saint-Géry et Loupiac ;

3º Avec Françoise de Durfort (2), fille de Jacques, seigneur de Boissières, chevalier de l'ordre du roi, et de Marie de Labanc, de laquelle il eut plusieurs enfants.

---

(1) De Mié : *Écartelé d'argent et de gueules.*

(2) Ici, Barrau s'est trompé : il a écrit Beaufort. Dans la pièce F. 489 il est dit que la troisième femme de Flotard était Françoise de Durfort. Dès que nous avons signalé le fait à M. le vicomte de Bonald, il a spontanément corrigé, devant nous, son exemplaire de Barrau, et a été étonné de n'avoir pas remarqué lui-même l'erreur commise par Barrau.

Il mourut en 1607, laissant comme enfants du premier lit :

1° GEORGES, mort avant lui en 1605.

Du troisième lit (1) :

2° JEAN DE LA ROQUE-BOLHAC ;
3° JACQUES DE LA ROQUE-BOLHAC ;
4° FRANÇOIS DE LA ROQUE-BOLHAC.

XI. GEORGES DE LA ROQUE, seigneur et baron de Mié, Saint-Laurens, Ferrières, etc., épousa, le 23 novembre 1576, Antoinette de Baulac, fille d'Antoine, seigneur de Saint-Géry, Loupiac, baron de Clermont, etc., et d'Isabeau de La Valette-Cornusson. Georges mourut le 11 mars 1605.

Messire Flotard de La Roque-Bolhac, chevalier de l'ordre du roi, gentilhomme ordinaire de sa chambre, assista, avec dame Isabeau de La Valette, sa seconde femme, au mariage de son fils Georges de La Roque et de feu Claire de Mié avec Antoinette de Baulac, le 24 novembre 1576 (2).

---

(1) Il n'en avait pas eu du deuxième lit.

(2) A ce sujet, voici un extrait d'un mémoire du comte Raymond de Toulouse-Lautrec (*Résidences historiques de l'Albigeois*, Saint-Géry) :

« Les Baulac possédèrent Saint-Géry pendant 226 ans. Le mariage de leur dernière héritière l'apporta avec leurs autres seigneuries dans la famille de La Roque-Bouillac.

» Le 24 novembre 1576, le château de Saint-Géry était en grande liesse et peuplé d'hôtes illustres.

» Dans une des salles du château, en présence de messire François de La Valette, seigneur de Cornusson, chevalier de l'ordre du Roy, gentilhomme de sa chambre et sénéchal de Tolose et Albigez, et de messire Flotard de La Roque-Bouillac, seigneur de La Roque et de Bouillac, aussy chevalier de l'ordre du Roy et gentilhomme ordinaire de sa chambre, fut passé par Jean Vinel, notaire à Rabastens, le contrat de mariage de noble Georges de La Roque-Bouillac, et de noble Anthoinette de Baulac, fille de feu Anthoine de Baulac, seigneur de Saint-Géry, Clermont et autres lieux, et de noble dame Izabelle de la Valette-Cornusson, femme en secondes noces dudit seigneur de la Roque-Bouillac.

» M. de La Roque-Bouillac et Mme de Baulac, mariaient donc ensemble les enfants que chacun avait eus de son premier mariage.

» J'ai vu cette pièce intéressante dans les vieux registres de Jean

Les enfants de Georges furent :

1° FRANÇOIS, qui suit ;

2° CLÉMENT, qui suivra ;

3° Autre FRANÇOIS, né le 3 juillet 1599 et mort en 1620 ;

4° GABRIELLE, née le 22 janvier 1587, qui épousa François de Lintillac, baron dudit lieu ;

5° MARGUERITE, mariée à Corbeiran d'Astorg, baron de Montbartier, né le 11 août 1592 ;

6° CÉCILE, mariée à Louis de Lesurie, seigneur dudit lieu, née le 11 avril 1597.

XII. FRANÇOIS II DE LA ROQUE, seigneur dudit lieu, baron de Mié, né le 1er mars 1584, mourut sans enfans en 1614.

CLÉMENT, frère de François II, seigneur desdits lieux de La Roque-Bouillac, Mié, Saint-Géry, Saint-Laurens, Viviers, Louplac, etc., épousa en juin 1620 Anne de Buado (1) de Frontenac, fille d'Antoine de Buado de Frontenac, chevalier des ordres du roi, et de Jeanne de Secondac.

Il était né le 27 juin 1595 et mourut le 18 mars 1647, laissant :

1° LOUIS, qui aura son chapitre ;

2° FRANÇOIS, né le 25 avril 1637, mort jeune ;

3° ROGER, né le 25 avril 1637, mort le 7 octobre 1659 ;

Vinel, dans l'étude de M° Louis Alric, notaire à Rabastens. Elle est signée de trois membres de la famille de Cornusson, de quatre de la Roque-Bouillac, d'Arnold de Roquier, etc., etc.

« La famille de La Roque-Bouillac conserva pendant 140 ans le château et les terres de Saint-Géry. »

(1) De Buado : *D'azur à 3 pieds de griffon d'or.*

4° JEAN-CLAUDE, né le 20 juillet 1638, mort jeune ;

5° FRANÇOIS, né le 18 octobre 1641 ;

6° CATHERINE, née le 7 février 1621 ;

7° ISABEAU, née le 11 août 1622, mariée le 18 janvier 1643, avec François de Maurils, baron dudit lieu, et mestre de camp d'infanterie, mort le 30 octobre 1681 ;

8° ANGÉLIQUE, née le 18 septembre 1624, morte jeune :

9° GABRIELLE, née le 6 octobre 1626, mariée le 1er juin 1647 avec François de Renaldy, président à la Cour des aides de Montauban, morte en 1665 ;

10° CLAIRE, née le 11 février 1627, morte jeune ;

11° FRANÇOISE, née en 1628, morte jeune ;

12° MARIE, née le 2 avril 1632, morte jeune ;

13° FRANÇOISE, née le 4 mars 1643, morte le 24 juin 1666.

XIII. LOUIS DE LA ROQUE, seigneur de La Roque-Bouillac, Saint-Géry, Louplac, Ferrières, Saint-Constans, baron de Mié, Marcillac, etc., épousa vers 1657 Françoise de Raoulet, fille de François de Raoulet, seigneur et baron de Jalenques, et de Cécile de Tinel, dont Gilles qui suit.

XIV. GILLES DE LA ROQUE-BOUILLAC, seigneur et baron desdits lieux, colonel du régiment de Saint-Géry, infanterie, marié avec Mlle Isarn, de la ville de Castres, mourut sans enfans en 1737, après avoir dissipé sa fortune et fut enterré aux Cordeliers de Rabastens.

Branche des Seigneurs de Fraissé

Sur cette branche, Barrau dit seulement ceci :

« Il existait une autre branche de la même famille dont était issu Jean-Charles Flotard, dernier comte de La Roque-Bouillac, colonel de cavalerie, chevalier de Saint-Louis, admis aux honneurs de la Cour en 1787, qui n'eut qu'une fille, Jeanne-Adèle de La Roque-Bouillac, mariée en 1808 à Jean-Joseph-Alfonse de Toulouse-Lautrec, vicomte de Montfa, dont Joseph-Casimir-Raymond de Toulouse-Lautrec, qui a épousé, en 1837, Gabrielle d'Imbert du Bosc. Les armes de cette branche sont les mêmes. »

La pièce F. 489, au contraire, ne parle que de cette branche.

X. Le 5ᵉ fils de Nicolas de La Roque-Bouillac et de Jeanne de Cluny est Joseph de La Roque-Bouillac, seigneur de Faydel.

Il épousa le 5 septembre 1576, demoiselle Anne de Lyon. En seconde noces, Anne de la Baylie. Il fit son testament à Toulouse devant Descluzel, notaire, le jeudi 23 janvier 1618 et il demande à être enterré dans l'église paroissiale du lieu de Brugnières, tombeau de ses prédécesseurs.

De sa première femme, Anne de Lyon, il laissa :

1º CLÉMENT, qui suit ;

2º FRANÇOIS DE LA ROQUE-BOUILHAC ;

3º FLOTARD DE LA ROQUE-BOUILHAC, chanoine d'Albi.

XI. CLÉMENT qui vivait en 1634 épousa Éléonore de Secondat qui le rendit père de :

1º JOSEPH, qui suit ;

2º FLOTARD, héritier particulier de sa mère en 1615.

XII. Le 1er mars 1620 Joseph épousa Marguerite de Alane, au château de Cazalens en Querci.

Les enfants furent :

1° CLÉMENT, qui suit ;
2° MARGUERITE DE LA ROQUE-BOUILHAC ;
3° CATHERINE DE LA ROQUE-BOUILHAC ;
4° JEANNE DE LA ROQUE-BOUILHAC ;
5° ANNE DE LA ROQUE-BOUILHAC.

XIII. CLÉMENT DE LA ROQUE-BOUILHAC fit son testament en 1689. Ses enfants sont :

1° CHARLES, qui suit ;
2° QUITTINE DE LA ROQUE-BOUILHAC, femme de noble Jean de Charry.

Il avait épousé damoiselle Isabeau de Montagut le 18 mai 1665.

XIV. JEAN-CHARLES DE LA ROQUE-BOUILLAC, seigneur de Fraissé, épousa le 23 avril 1695 damoiselle Jeanne de Canhac, fille de feu sieur Pierre Canhac, bourgeois, et de damoiselle Jeanne de Calvinhac dudit Castelnau, etc.

Charles de La Roque-Bouillac, seigneur du Fraisse, opposant à l'exécution d'un jugement rendu par défaut contre lui en 1699 par M. Le Pelletier, intendant de la Généralité de Montauban, fut maintenu dans sa noblesse par jugement de M. Legendre, intendant de Montauban, le 20 mars 1700.

XV. Son fils, Guillaume de La Roque-Bouilhac, lieutenant de cavalerie au régiment du roi Stanislas, épousa Jeanne-Charlotte de la Tour à Toul, le 23 octobre 1736.

De ce mariage est né :

XVI. JEAN-CHARLES-FLOTARD DE LA ROQUE-BOUILLAC (1), nommé dans la déclaration faite par ses père et mère le 25 février 1748.

---

(1) Celui dont parle Barrau et qui est le grand-père de Joseph-Casimir-Raymond de Toulouse-Lautrec, marié en 1837 avec Gabrielle d'Imbert du Bosc.

Branche de la Guimerie

X. FRANÇOIS DE LA ROQUE-BOUILLAC, seigneur de la Guimerie, fils de Nicolas II de La Roque-Bouillac et de Jeanne de Clugny, épousa Françoise d'Hébrail, fille de Jean d'Hébrail, et testa en 1607. Ses enfants furent :

1° CLÉMENT, qui suit ;

2° ANNE, mariée le 7 février 1619 avec noble Louis-Jean de Bonfontan ;

3° BARTHELEMI ;

4° ALFONSE ;

5° JULIEN.

XI. CLÉMENT DE LA ROQUE-BOUILLAC, seigneur de La Guimerie, donataire de son père et de sa mère, épousa, le 20 octobre 1612, Delphine de Nupces dont Georges qui suit.

XII. GEORGES DE LA ROQUE-BOUILLAC, seigneur de La Guimerie, fut donataire de Gui de La Roque-Bouillac, d'une autre branche, qui, n'ayant pas eu d'enfants de Marie de Roquefort, sa femme, par testament du 19 mai 1666, passé à Donnesac, l'institua son héritier universel.

Georges avait épousé le 14 juillet 1640, Marguerite de Calvière qui le rendit père de :

1° GEORGES-JULES, dont l'article suit ;

2° ANTOINE, sieur de La Feuillade ;

3° LOUISE DE LA ROQUE-BOUILLAC.

XIII. GEORGES-JULES DE LA ROQUE-BOUIL-LAC, sieur de La Guimerie, baron de Bar, épousa le 6 août 1663, Marie de Nupces, baronne de Rouf-fiac Moussans, dont neuf enfans :

1º CHARLES, qui suit ;

2º VICTOR, mort en bas âge ;

3º LOUIS ;

4º ALFONSE, religieux ;

5º MARIE, religieuse ;

6º MARGUERITE, id. ;

7º LOUISE ;

8º MADELEINE, qui testa à Roufflac, le 14 octobre 1741, en faveur de sa sœur Louise et des pauvres ;

9º ANTOINETTE, mariée à Gabriel de La Mothe-Cadiès, qui, devenu veuf et sans enfans, épousa Elisabeth de Verdun de Fontès dont il n'eut pas d'enfans. Elisabeth de Verdun, veuve à son tour, épousa Georges Bousinac.

Antoinette de La Roque-Bouillac avait testé en 1745 en faveur de son époux.

XIV. CHARLES DE LA ROQUE-BOUILLAC, sieur de La Guimerie, Roufflac, Moussans, baron de Bar, etc., épousa le 30 juin 1724 Charlotte de Ciron, fille de feu messire Jacques-Philippe de Ciron, conseiller du roi en ses conseils, second président au parlement de Toulouse, seigneur marquis de Carmaux, etc., et de Jeanne de Toupignon, dont une fille unique, Françoise-Marie Guion de la Ro-que-Bouillac, dame de La Guimerie et baronne de Roufflac-Moussans, mariée en 1737 avec Antoine-

Paulin de Solages, marquis de Carmaux, morte en 1754, laissant de son mariage trois enfans :

1º FRANÇOIS-PAULIN-IGNACE DE SOLAGES, mort en 1763 sans dispositions valables ;

2º FRANÇOISE-CHARLOTTE DE SOLAGES, mariée avec Jean-Antoine de Barrau ;

3º GABRIEL-CHARLES-JOSEPH-PAULIN-HUBERT, comte de Solages, mort sans postérité.

(Extrait des titres de la maison de Solages.)

TERRES DE LA MAISON DE LA ROQUE-BOUILLAC

Gilles, baron de La Roque-Bouillac, etc., le dernier de sa branche, aliéna en 1719 tout le patrimoine de sa maison.

1º Le château et terre de La Roque-Bouillac, sur le Lot, berceau de la famille, fut vendu à M. Dunal, de Montauban, qui le revendit à M. Delfau, receveur des tailles à Figeac.

En 1789, Louis Delfau, capitaine au régiment d'Angoumois, se qualifiait seigneur, baron de Bouillac, Belfort, etc. (1).

On n'y voit plus que des ruines.

2º Saint-Géry, Loupiac et Mié, en Albigeois, furent acquis par M. des Mazels de Millau, lequel revendit Saint-Géry et Loupiac, près Rabastens, à

---

(1) Cette famille existait encore au moment où Barrau écrivait.

M. de Rey (1), conseiller au parlement de Toulouse.

Toutes les terres de la branche cadette situées en Albigeois passèrent dans la maison de Solages.

NOTE

CONCERNANT LA VISITE DU CARDINAL DE RICHELIEU A SAINT-GÉRY EN 1629

En se reportant à la page 40, il est facile de constater, qu'en 1629, des trois fils de Georges de la Roque Bouilhac, il ne restait que Clément.

C'est donc ce Clément qui était à Saint-Géry en 1629, et c'est lui qui a dû recevoir le Cardinal de Richelieu.

Voici ce que l'on trouve, à ce sujet, dans la *Description complète du Département du Tarn*, par M. Bastié, tome I, page 300.

A propos de St-Géry et Louplac :

« Antoinette de Beaulac, héritière de ces domaines, les apporta en dot à Georges de Larroquebouillac.

» Cette famille, qui a joué un rôle dans l'histoire

---

(1) Depuis, le château de Saint-Géry est toujours resté dans la famille de Rey : il appartient actuellement à Mme O'Byrne.

de Rabastens, est restée en possession de Saint-Géry, jusqu'en 1716, pendant 148 ans.

» C'est un Larroquebouillac qui reçut à Saint-Géry, en 1629, le Cardinal de Richelieu qui se rendait alors à Montauban. S'il faut s'en rapporter à un manuscrit de M. Gardes, le Cardinal ayant demandé à visiter le cabinet du baron de Saint-Géry et ayant fort admiré un beau portrait d'Erasme, le baron eut l'attention délicate, au moment du départ, d'aller le chercher et de le lui remettre en lui disant qu'il l'avait oublié et qu'il lui appartenait. »

Ici, le livre de Bastié donne un renvoi qui est le suivant :

« La vérité de cette anecdote paraît infirmée par la lettre suivante, écrite par le Cardinal de Richelieu, deux jours après son départ de Saint-Géry. Cette lettre a été communiquée par M. Edouard Byrne, propriétaire de Saint-Géry, aux *Chroniques du Languedoc*, octobre 1874 :

« Monsieur,

» Je suis bien fâché d'être parti de votre maison
» sans vous dire adieu et vous remercier tout en-
» semble, comme je le fais par cette lettre, de la
» bonne réception que vous m'avez faite chez vous.
» Je vous envoie une ordonnance pour recevoir et
» garder les ôtages de Montauban. Je ne doute pas
» que vous n'en ayez un soin tout particulier, en
» sorte qu'ils auront sujet d'en avoir contentement ;
» j'en sentirai toujours un bien grand, lorsque quel-
» que occasion me donnera lieu de vous faire paraî-
» tre que je suis, Monsieur, votre plus affectionné à
» vous servir.

De Rodez, 29 août 1629.

« » C. DE RICHELIEU. »

Il semblerait que nous puissions mettre au point l'opinion de M. Bastié en puisant dans les *Archi-*

ves historiques de l'Albigeois et du pays Castrais, publiées par P. Roger, secrétaire particulier de M. le Préfet du Tarn (Alby, typ. Rodière).

A la page 109 de cet ouvrage, il est écrit, en effet :

« Le Cardinal de Richelieu se rendit à Montauban lorsqu'il quitta Albi. Il s'arrêta au château de Saint-Géry, près de Rabastens « où le baron de Saint-Géry » qui était à sa suite, et son favori, le traita mag-» nifiquement. Ledit duc de Richelieu sçachant que le » dit baron fort sçavant d'ailleurs, avait de belles cu-» riosités, lui demanda à voir son cabinet, où ayant » remarqué le portrait du poëte Erasme, pièce très » curieuse et belle, il lui fit dire s'il voulait le ven-» dre ; ce qu'ayant refusé pour colorer son jeu, estant » le lendemain avec M. le duc dans son carosse, » partant du dit Saint-Géry, il dit au duc que Son » Eminence avait oublié quelque chose, et qu'il luy » permit de l'aller chercher ; à quoi ne pensant pas, » le dit duc le luy permit ; et M. le baron lui porta » le portrait luy disant qu'il avait oublié son Erasme ; » ce qui pluct si fort audit duc qu'il l'en loua, es-» tima et ayma davantage » (1).

« Le Cardinal de Richelieu repassa dans l'Albigeois après avoir quitté Montauban ; il se rendit en Auvergne et s'arrêta au château de Combessa où l'évêque, Alphonse d'Elbène, le reçut avec beaucoup de magnificence. »

Ce texte des *Archives historiques* fait ressortir que Richelieu a traversé deux fois l'Albigeois.

La première fois, il s'arrêta à Saint-Géry qu'il quitta pour aller à Montauban : il ne pouvait donc pas écrire de Rodez deux jours après.

La deuxième fois, il se rendait en Auvergne, et

____

(1) Manuscrits de M. Gardès.

Il paraît bien probable que c'est au retour, qu'il a écrit, de Rodez, la lettre reproduite ci-dessus, et dans laquelle il manifeste, à notre avis, le regret de n'avoir pas rencontré, à son retour, celui qui l'avait si bien reçu quand il allait à Montauban.

A l'appui de cette manière de voir, nous pouvons ajouter que dom Vaissette, dans son *Histoire générale du Languedoc* (tome XI, page 1048), dit que le Cardinal de Richelieu fit son entrée à Montauban le 20 août, et qu'il en repartit le 22 pour retourner à Paris par l'Albigeois, le Rouergue et l'Auvergne.

Le Cardinal revenait donc de Montauban quand il écrivait, de Rodez, le 29 août 1629.

De plus, cette lettre que nous avons vue, au château de Saint-Géry, n'est pas datée du 29, mais bien du 27.

En terminant ce qui est relatif à cette visite, nous ne pouvons pas résister au désir de remercier Madame O'Byrne de l'amabilité et de la délicatesse exquises avec lesquelles elle nous a accueilli à Saint-Géry.

Si, au château, on conserve religieusement la chambre du Cardinal, on y conserve aussi, Madame O'Byrne nous l'a montré, la tradition consistant à recevoir avec une distinction qui laisse un souvenir aussi agréable que fidèle.

Pour donner tout son prix à l'expression de notre gratitude, il eût fallu qu'au moment de quit-

ter Saint-Géry, la magie du Ciel nous eût trans-
formé en Prince de l'Eglise ! En nous inclinant
alors devant Madame O'Byrne et le charmant es-
saim qui l'entourait, nous aurions pu répéter, avec
une fierté aussi reconnaissante que respectueuse,
le mot prononcé avec modestie par le Cardinal
Mathieu entrant à l'Académie Française : « La
pourpre de Richelieu a porté bonheur à la mienne ! »

CONSIDÉRATIONS
RELATIVES AU NOM ET AUX ARMORIES

1° Au Nom

Nous avons cité, à propos de la description du Roc de Bouilhac (1), un passage de la brochure de M. Massip dans lequel il dit qu'à la fin du xvᵉ siècle, Nicolas, l'héritier de la race, s'était fixé au château de Bouillac. Il se pourrait qu'à ce moment-là une importance prépondérante eût été donnée au nom de « Bouillac ».

A partir de cette époque, les descendants de Nicolas sont, le plus souvent, qualifiés « chevaliers de Bouilhac ».

C'est ainsi qu'à propos des fils de ce Nicolas, on trouve aux Archives départementales du Cantal, série E. 224, à la date de 1518, un testament de Jacques Chaumielh (2) dans lequel il nomme,

---

(1) Page 27.

(2) Il avait épousé Antoinette de la Roque-Bouilhac, la sœur de Jean et Hugues. Aux inventaires des Archives du Cantal (qui se trouvent dans toutes les préfectures), série E, page 48, on trouve aussi un résumé de son contrat de mariage qui est très original.

pour ses exécuteurs testamentaires, « Jean et Hugues de la Roque, chevaliers de Boulhac ».

Ceci fait comprendre que « de Caux », dans son *Catalogue des gentilshommes du Languedoc*, établi par ordre alphabétique, ait catalogué « Boulhac » et non pas « la Roque ».

Il est facile de se rendre compte, d'après cela, que des descendants aient pu en arriver à s'appeler « Boulhac » au lieu de « la Roque-Boulhac ».

Quant à l'orthographe du nom, on peut d'autant mieux pardonner à ceux qui, parfois, ont écrit « Bouillac et Boulhac » au lieu de « Boulhac », que cette erreur est commise encore tous les jours, à notre époque.

D'ailleurs, d'Hozier, lui-même, a prévenu que des erreurs de ce genre ont été commises par lui.

2° Aux Armoiries

Nous avons vu, au début de ce Mémoire, que M. de Saint-Saud, dans ses *Généalogies Périgourdines*, indique les armes primitives de la famille de Boulhac comportant des roses, et nous avons dit que d'Hozier, dans son *Armorial Général de France* (Manuscrit de la Bibliothèque Nationale : Toulouse, Montauban, page 22), a cité Gilia de la Roque-Boulhac, baron de Mié, marquis de Saint-Géry, avec des armes qui sont : « *d'argent à un chef d'azur chargé de trois roses d'or* ».

A la page 27 du même document, il est question de François de la Roque-Bouilhac, prestre et bachelier de Sainte-Théologie, prieur de Mauveillan, dont les armes sont aussi : « *d'argent à un chef d'azur chargé de trois roses d'or* ».

Mais, à la page 249 de ce même document, il est question de Catherine de la Roque-Bouilhac, avec des armes libellées : « *d'argent à trois rochers de sable posés deux et un* ». Au surplus, Barrau, d'Aubais, la pièce F. 489 des archives du Lot, indiquent des rocs comme armes des la Roque-Bouilhac.

On parle donc, pour les armoiries, tantôt de roses, tantôt de rocs.

Nous avons la conviction que cela résulte d'une erreur double de lecture et d'écriture, erreur que d'Hozier aurait commise dans ses manuscrits, et cela s'explique bien facilement si on remarque que l'on écrivait :

« roses » de la manière suivante :

et « rocs » de la manière suivante :

Cette confusion a probablement été commise aussi par la famille en considérant les roses comme faisant partie des armes primitives, alors que ces armes comportent, à notre avis, comme le dit Barrau, d'après les *Pièces fugitives* de d'Aubais, ouvrage particulièrement sérieux, les rocs, vue de la Roque-Bouilhac au soleil levant, et non pas des roses!

CONCLUSION

En résumé, tout ce qui précède fait simplement
ressortir un ensemble de liaisons d'un ordre général entre les Bouilhac du Périgord, du Bas-
Languedoc, de l'Albigeois et du Rouergue.

C'était le seul but que nous voulions atteindre
en nous amusant à écrire ces lignes.

Sans doute, la généalogie donnée par Barrau et
que nous avons reproduite, est bien incomplète
puisqu'elle n'indique pour ainsi dire rien au sujet des cadets.

Elle semble suffisante, néanmoins, pour permet-
tre d'apprécier que les chevaliers de Bouilhac ti-
rent leur origine de la Roque-Bouilhac qui a été
vraisemblablement un antique berceau pour tous
les Bouilhac dont nous avons parlé.

Si nous n'avions pas eu la crainte d'entrer dans
des développements trop grands, nous aurions pu
établir des rapprochements plus nombreux entre
les uns et les autres, et indiquer beaucoup de documents les intéressant.

Nous n'aurions pas omis alors, de citer la pièce 237 de la série E des Archives départementales du Tarn (1).

Cette pièce est une donation à l'hôpital d'Albi par Georges-Jules de Laroque-Bouilhac, seigneur et baron de Bar, Rouflac, Maussans, etc.

En la rapprochant du testament de Pierre de Bouilhac, abbé mitré de Souillac (2), qui, en 1773, laissa une somme de 60 000 livres à l'hospice de Montignac, en Périgord, on aurait pu, peut-être, se demander encore, si on ne voyait pas apparaître une tradition de famille !

Montignac (Dordogne), 6 juillet 1907.

BOUILHAC.

____

(1) Les Inventaires de ces Archives se trouvent dans toutes les Préfectures.

(2) Département du Lot.

TABLE DES MATIÈRES

300907. Rodez, Imp. E. Carrère.